144

V.-E. VEUCLIN
Correspondt du Comité des Beaux-Arts
Lauréat de Sociétés savantes.

Gerbe de Notes historiques

SUR

BERNAY

ET SES ENVIRONS

BERNAY
Imprimerie E. VEUCLIN
1891

ŒUVRES DE E. VEUCLIN :

1873-90. Articles de Journaux et 119 Notices.

AUTRES NOTICES PUBLIÉES DEPUIS :

Les Processions du Roumois et de la Fête-D.
Notes pour l'histoire de Pierre-Ronde.
Les 4 Canons de Bernay.
Documents sur le canton de Beaumesnil.
Les Ecoles chrétiennes de Lisieux.
Documents pour l'histoire de Beaumont-le-R
Glanes historiques sur le canton de Brionne.
Une Histoire de Bernay écrite en 176).
Glanes historiques sur le canton de Broglie.
Les Sapeurs-Pompiers de Bernay.
La Fontaine minérale de Bernay.
Notes historiques sur le canton de Thiberville
Gabriel Dumoulin et sa Famille. 132
Ce que doit être le Livre d'or du Collège de B.
Le Bienheureux André Goulafre, curé de B.
Les Auxiliaires de la Rédemption des Captifs.
A propos du Pèlerinage de Mgr Hautin à B.
Notes historiques sur le Canton de Bernay.
Au Congrès des Sociétés savantes, en 1891.
Le Bagage scientifique d'un Enfant du Peuple
Le premier Journal publié à Bernay en 1795.
Une Œuvre inconnue de S. Vincent de Paul.
Gerbe de Notes histor. sur Bernay et l'arrond[t]

RÉCOMPENSES OBTENUES :

1873. MÉD. DE BRONZE (Société libre de l'Eure). *Publications historiques et archéologiques*
1874. 2e PRIX (Id.) *Histoire de la Ville de Bernay et du Canton.* (Pr. refusé par l'auteur).
1874. MÉD. DE BRONZE (Exposition d'Evreux). *Reproduction de Dalles tumulaires du Bec.* (1880. Exposition artistique de Caen. *Id.*)
1889. MÉD. DE BRONZE (Le Phare littéraire). *Les charges militaires du peuple sous Louis 14*
1889. MÉD. DE BRONZE (La Pomme). *Histoire de l'industrie du chanvre et du lin en Norm.*
1889. PRIX DE BLOSSEVILLE, 600 FR. (Société libre de l'Eure). *Histoire des Charités funéraires de Normandie.*
1890. 3e PRIX, MÉD. DE BRONZE (Athénée des Troubadours). *Récits villageois en patois.*
1889. MÉD. D'OR (Académie littéraire et musicale de France). *L'Instruction publique dans le Calvados avant et pendant la Révolution*
1890. 1er PR., MÉD. DE VERMEIL (Institut Populaire). *La Musique à Bernay depuis le 16e s.*

QUELQUES NOTES HISTORIQUES

1400. Johan Mahiel, escuier, sgr pour partie de Morcheng.

1404 Pierre Lefeuvre, curé de N.-D. d'Espinay-en-Ouche.

1405, Pierre de Barville, curé de St-Quentin. Jehan Hue, curé de Bouessy. Jehan Lenfant, curé de St Cir-de-Salerne. —

1403. Dom Robert Moucheaulx, prieur du prieuré de Malpas.

1404. Pierre Machon, curé de Faverolle

1459. Nicole le Frère, curé de la Huanière. G...camp, pbre, docteur en médecine. Estienne Flambart, escr, sr de Villers-en-Ouche.

1459. Pierre Gloriant, curé de Jouvaux bourgeois de Bernay, frère et héritier de Jehan Gloriant, bourgeois dud. lieu. — Jehan Dubois, escr, sr des Bordeaux, à Verneuces, à cause de Cardine Riffault, sa femme. — Robert Amery dit Leclerc, curé de « Mourceng. »

1428 Jehan Foubert, curé de St-Aubin-de-Scellon.

1589. Roger Follin, curé de St-Aubin-de-Thenney.

1590. Nicolas Larbalestrier, curé de Courbespine.

1591. Jehan le Normandel, curé du Bosc Morel. — Lots de Guillaume Gastel, sgr de St-Quentin et de la Verdière, marié à Marguerite de la Plesse, entre Jacques Hardouin, marié à Magdeleine Gastel et Jehan de Payant sgr du Rozoey.

1592. Robert Chanu, curé de Bazoques

23 avril 1593. Lots de feu Nicolas Colles marié à Jehanne de Lespiney ; maison en la rue de la Poterye où demeurait led. défunt de son vivant. O

1666. Robert d'Hommey, curé de Capelles.

1635. Adrian Chanu, curé de Granchain

1615. Jacques Treffouel, curé du Teil-N

1619. Jehan Delamare, curé de Morsan.

1605. Jacques Bellencontre, curé de Montreuil.

1662. Confrérie du Rozaire à Granchain

1622. Date sur le socle de la croix du cimetière, à St-Aubin-du-Thenney. Henry curé.

1643. Jacques Liberge, curé de St-Aubin-de-Thenney

1689. Confrérie du St-Sacrement à Boisney.

1619. Paul Desrocques, chapelain de la chapelle St-Siphorian sur Ferrières, demeure à Conches.

1588. Nicolas Jehan, curé de Faverolle.

1662. Confrérie du Rozaire à Drucourt.

1658. Richard Courcelles, curé du Teil-Nolent.

1638. Confrérie de St-Sebastien à Folleville.

1612. Nicolas Corbelin, curé de Drucourt

1648. Confrérie du Rosaire à Boissy.

1642. Georges Vauquelin, curé du Favril.

1691. Jacques Lancelin, curé de Gizey.

Ier juin 1681. Prise de possession de la léproserie de la Madeleine de Bernay. O

1614. Confrérie de Monsieur Saint Jehan-Baptiste fondée en l'église des Cordeliers de Bernay par les mds drapiers.

21 mai 1630. Testament de Pierre Liberge, escr, sr Desperande, demeurant à Maneval ; il demande 4 charités.

1659. François de la Varde, curé de Landepereuse.

1616. Guillaume Duclos, curé de St-Aubin-de-Thenney — Geoffroy Pottier, curé de Grandcamp. Charles de Bonnechose, escr, sr de la Londe, la Pallasière.

1666. Jacques Lesercilley, curé de N.-de Broessey.

1661. Adrien Simon, curé de St-Mards-de-Fresnes. — Michel Liboire, arpenteur à Bernay.

1614. Jean Escallard, curé de Piencourt

15 déc. 1691. Bail de la maison servant d'hôtel-de-ville, pour 40 l. par an.

4 juin 1699. Le lieutenant de police ordonne aux communautés d'apporter au greffe leurs statuts.

Tabellionnages dont il y a des registres à Bernay : Pont-Authou (3). Berthouville. Cerquigny (21). Giverville (22. Châteauneuf en Timeraye. Thiberville (2). Orbec. Montreuil Mesnil Josselin. Echanfray (2) Glos. La Ferté-Fresnel (2). Brionne. Folleville. Plasnes.

1680. Louis Lebel, cure de St-Aubin-de Thenney.

1745. Maladie contagieuse sur bestiaux.

1746. Blondel, curé de Bournainville; vicaire; 300 communiants.

1762. Toutain, curé de Broglie; Vivien et Guitton, vicaires; 650 communiants.

23 oct. 1749. Antoine DeVert, maître d'armes de la ville de Bernay, est exempté du logement des gens de guerre.

1786. L'autorisation est refusée à un limonadier de Broglie d'établir un jeu de billard. Il est question du jeu de la chasse royale.

1738. Date sur le piédestal en grés de la croix du cimetière de Grandcamp.

Bibliothèques inventoriées par les notaires de Bernay: 14 juillet 1733. Michel Escallard, esc[r], s[r] de Chaumont, c. du R. et maître en sa cour des comptes, aides et finances de Normandie, décédé à Plasnes... 1740. Eustache Huet, curé de Nassandres, décédé le 12 juin. — 29 mars 1742. Charles Pierre Pellard, esc[r], c. du R., receveur des tailles en l'élection. — 13 avril 1743. Charles-François de Bellemare, chev[r], sgr de Duranville. — 10 janv. 1746. Arouit, curé de Fontaine-l'Abbé, décédé. Il est aussi question d'une liasse de 9 pièces d'écritures concernant les droits que les habitants de F.-l'Abbé et Fontaine-la-Soret avaient aux attaques de la lèpre dans la léproserie de S. Brice. — 8 juin 1769. P.-Nicolas Grossin, chev[r], vicomte de Menneval (3 p.) — 20 juin 1783. François Desperiers de Courcy, ancien avocat, à St-V.

du-Bouley, décédé. — 14 août 1783. Charlotte-Gabrielle de Bellemare, décédée au château de Duranville chez Pierre-Marie-Benjamin de Bellemare, chev[r], sgr et patron de Duranville et autres lieux.

Mercuriales. — 13 nov. 1700. Bon blé, 3 l. 14 s. ; second 3 l. 2 s. ; 3e 2 l. 12 s. Orge et pois 40 s. Vesce 24 s. Avoine 34 s Pain blanc 18 d , « bis 12 d . — 12 mars 1701. Bon blé 55 s., 2e 48 s., 3e 40 s. Orge 30 s. Pois 28 s. Vesce 18 s. Avoine 27 s.

27 juin 1704 Aveu rendu à Léon Bertout, esc[r], sgr et patron de Heudreville, le Favril et Cauverville, c, du R. en sa cour des aides de Normandie, par Nicolas Cordouën, c. du R. élu en l'él. de Lisieux et lieutenant au bailliage dud. lieu, fils de feu Georges Cordouën, élu.

9 déc. 1780. Décès de Jean-Baptiste-Guillaume de Bellemare de Neuville, sgr du fief de Neuville et autres lx. Inventaire.

Inventaires : 1759. Trésor de Franqueville 1757, curé d'Hecmanville. 1718, curé de Drucourt. 1724. château de Morsan. 1735, curé de Bréligny. 1752, trésor de Bournainville. 1741, curé de Nassandres. 1781, trésor de Boisney. 1782, curé d'Hecmanville. 1785, curé du Theil-Nolent. 1776, trésor d'Aclou. 1775, curé de St-Pierre-de-Salerne. 1774, trésor du Theil-Nolent. 1746, curé de Bournainville. 1761 curé de Morsan. 1771, curé d'Autou. 1768 trésor et charité d'Autou.

Hautes-justice du Bec, de Drucourt.

1725. Confrérie de St-Eloy érigée en l'église de Ste Croix pour le corps des blanchœuvres, maréchaux et serruriers.

1755. Jean Levavasseur, vicaire de St-Vincent-du-Bouley. 1784. Triège de la ✠ de la Fille; chemin de Lisieux à Bernay.

1764. René Blondel étant concierge des prisons de Broglie, 2 détenus s'évadent.

16 oct. 1728. Confiscation, par les boulangers de Bernay, de pain salé et pétri avec du lait, sur un boulanger de Brionne; celui-ci déclare renoncer à jamais apporter de ce pain, à l'exception du seul jour de la foire fleurie et de la brioche qu'il pourra apporter en tous temps.

1745. Les perruquiers de Bernay assignent au siège de police la fille Aubey faisant, depuis 3 à 4 mois, métier de couper et vendre des cheveux. Le juge permet à la dite fille de couper et acheter des cheveux dans les foires et marchés de cette ville et il fait défenses aux barbiers-perruquiers de l'y troubler.

1747. Les bouchers de Bernay n'ont pas de statuts légaux.

1680. A Brionne, hôtellerie où pend pour enseigne les Armes de Lorraine.

10 avril 1742. Conformément à la déclaration royale du 25 mars 1665, le lieutenant de police de Bernay défend aux marchands merciers et autres d'exposer en vente aucuns pistolets de poche et autres armes à feu.

12 septbre 1722. Charles Lamy, depuis

un très longtemps fait le métier de vitrier; il est reçu maître.

1725. Pierre Hardy, curé du Tilleul-F. Enfant, remplace Guillaume Hardy, nommé à St-Victor-de-Chr.

1721. Le Roy, curé de la Couture, signale la malpropreté de la ville.

22 septbre 1739. Inventaire de Anne Dauvet, chev[r] de Bouffey, en sa maison rue Marie, paroisse de la Couture. 1er avril Invent. de Robert Dupuis, esc[r],, dite par[e].

30 mai 1746. Délib. de la communauté de Rôtes : faire une grille en fer sous la porte du cimetière, avoir des livres pour le clergé, faire toutes les réparations de l'église. — 2 févr. 1749. Réparer la maison, clore et planter la masure de S. Pierre, réparer la couverture de l'église. faire planter la croix dans le cimetière. — 6 j[et] 1727, payer la réparation du clocher ; il est question de la fondation du feu s[r] Pierre Bunette. — 4 avr. 1734. Construction d'une croix en bois et d'une chaire à prêcher. — 21 déc. 1741. Louis Touzé nommé syndic.

1738. Décès à Ste Croix : septbre, 17; octobre, 26.

6 févr. 1732. Ordre de faire ramoner les cheminées. Jacques Delapierre, ramoneur à Bernay.

8 août 1753. Amende de 3 l. à un excoriateur de chevaux, pour avoir jetté des immondices dans le fossé qui donne sur les champs de la Couture.

21 mai 1740. Scandale par une fille de joie avec les soldats d'une compagnie du régiment de Clermont-Tonnerre.

19 mai 1746. Délib. pour réparer le presbytère du Theil-Nolent.

10 déc. 1749. Louis Derneville, esc[r] ch[r] sgr et patron honoraire de Nassandres, de Bigards, Belleau et autres lx, décédé en son château à Nassandres : inventaire.

13 juin 1746. Invent. de Pierre Auber, curé de Bournainville. — 19 septbre. Inv. de M. de Marsenne, à la Couture.

6 août 1746. Mauvais traitements aux soldats.

1744. Le lin vaut 2 sols 6 d la poignée

1746 Pavillon de Pressagny-l'Orgueilleux dans la grande cour abbatiale de B.

4 déc. 1754. Décès de Joseph Foucques s[r] d'Orville, avocat en P., c. du R., élu en l'El., paroisse Ste-Croix ; inventaire le 10.

5 mars 1759. Il n'y a, à Bernay, aucuns apprêteurs qui soient en force de bien ratiner et friser les frocs qu'ils fabriquent ; Robert Hubert de la Huberdière, fils, teinturier à Bernay, étant resté à Tours un temps suffisant, s'offre pour ce travail. — Jean-Etienne Huché, propriétaire et huissier, paroisse de la Couture.

5 juillet 1757. Décès de Pierre-Georges du Fay, sgr et patron de Carsix, 64 ans ; inhum., le lendemain, dans le chœur.

1782. Décès de Pierre-Philippe du Fay chev[r], sgr et patron de Carsix, le Bosregnoult et autres lx. Inventaire : 3 tableaux,

5 cadres, 2 autres : Diogène, un joueur de flûte ; une Nativité...

1747. Payé 3 l. pour le port d'Alençon à Bernay de 42 livres de bougies des 6, à 42 sous la livre.

1764. Antoine Lecroulant, maître de billard, paroisse Ste-Croix.

1756. Marques des cuirs ; 2 empreintes.

23 avr. 1749. Robert Hubert reçu teinturier.

25 oct. 1763 (et non 1764). Décès, à la Frovillière, de l'abbé de Sourdeval. Inv. Louis-Bernardin Le Neuf de Sourdeval, chev^r^ sgr de Montenay et autres lx, ancien enseigne des vaisseaux du roy, chev^r^ de St-Louis, demeurant à Caen, frère du défunt.

1766. Marie Frère, maîtresse d'école à Broglie.

18 mai 1769. Etat misérable de Bernay

1766. 2 empreintes des coins des drapiers-tisserants (f° 69.) — 25 janv. Bals défendus à cause de la mort du Dauphin. — 22 févr. François Lamy est reçu barbier-perruquier ; il succède à son père. — Mathurin Houssaye, maître en fait d'armes. — 2 filles suivent un régiment ; déposition curieuse (janvier).

1763. Précautions contre incendies. (25) — 16 juillet. Ordonnance pour la propreté des rues et places. CR. — 20 juillet. Arrêt du P. de R. concernant la suppression des cimetières

21 septbre 1754. Amende de 60 s. à un

épicier pour avoir voulu vendre la chandelle 12 s. la livre au lieu de 10, prix fixé

1772. Le Danois, maire de Bernay.

1er mai 1774. Inondation.

St-Pierre de Roumilly près Conches. 1613. Pierre Bridier, natif de Chartres, chanoine d'Evreux, est curé de Roumilly ; premier registre paroissial. — La Puthenaye, 1664. — Bougy, 1668 ; vente de l'église en 1855. — 1788. Délib. de Romilly

1786. Fauconnier, relieur de livres à B.

Ordonnances de police pour :

28 oct. 1773. Pots à fleurs sur fenêtres.

28 avr. 1776. Divagation des chiens.

14 mai 1785. Arrosage des rues.

26 janv. 1771. Réception de Gervais, messager de Rouen à Bernay, Le Sap, Vimoutiers et Livarot. A O

4 janv. 1700. Donat. au trésor de Bouffey par Pierre Dauvet, sgr du lieu. 1er oct 1701. Donation du même aux pauvres du lieu. 1er juin 1714. Contrat à ce sujet.

21 avril 1793. Testament de Pierre Hauvel, curé de Plasnes.

22 oct. 1719. Don au trésor de Malouy par l'abbé du Tyron.

21 septbre 1783. Décès de Pierre-Alexandre de la Mondière, sgr de Touqueville-en-Caux, en sa terre à Morsan. Invent.

3 septbre 1782. Invent. de Louis-Nicolas de Maunoury, château de Fontaine-l'Abbé.

8 juillet 1780. Sentence du baill. de B. au sujet de l'entretien et réparation des

chemins, élagages et alignements des haies et plantations sur les dits chemins. [4 p.]

3 mars 1788. Inondation.

1785. 7 marques à la cire des fabricans d'étoffes en laine.

La Chapelle-Gautier. — 1737, date gravée sur le piédestal de la croix de grés du cimetière ; au-dessus de cette date sont une crosse, une mitre et une croix, qui se rapportent, probablement, à la donation de ce calvaire faite par l'évêque dont la pierre tombale existe encore dans l'église. — 17 août 1706. Décès de Robert de St-Vincent, curé. — 16 mai 1720. 72 l. provenant des quêtes de la Vierge et du Rosaire seront employées à avoir 1 crucifix, des cartes, candelabres et autres choses nécessaires pour l'autel de la Vierge. — 25 juillet 1723. Les habitants sont d'avis que la grosse cloche soit refondue et remise du même poids et d'accord avec la petite. Antoine Drouot et Jean-Baptiste Brocard, fondeurs, font marché moyennant la somme de 80 l ; le travail sera fait pour la St Michel prochain. Les 2 fondeurs signent ce marché. — Aucune mention de la bénédiction de cette cloche. — 1756. Chapelle du château.

St-Aignan-de-Cernières. — 1607. Premier registre paroissial. 2 testaments. 1661 et 1665, acquisitions de terre par la confrérie de St-Michel. — 17 mai 1716. Projet de refondre la petite cloche et de l'augmenter, de sorte que la grosse actuelle d.-

vienne la petite. Le curé Grieu offre des bois pour aider à cette dépense et pour des bancs ; il sera continué de réparer l'égli. se ; approbation du changement fait aux bancs ainsi qu'aux petits autels. (Délibér. signée mais barrée et annulée. — 1er juil. Décès de François Grieu, curé. — 9 mars, Nomination de 4 principaux habitants pr faire un état de la cotisation des pauvres conformément à l'arrêt du Parlement de Rouen, du 10 janvier 1741. — 14 juillet 1758. Décès de Jean Bence, curé, natif de Fervaques, 68 ans ; il est inhumé le 15, au pied de la croix du cimetière qu'il avait donnée au trésor peu auparavant ; pierre tombale en grés relate ce don. Curé de St A. depuis 1737. — 1758. Félix Lefebvre, curé de Cernières, devient curé de St-A.; il meurt le 13 déc. 1762 et est inhumé, le 14, dans le chœur ; 77 ans — 1774. Dans la nuit du 16 au 17 avril, les églises de St A. et de St-Martin sont fracturées par des voleurs ; les troncs sont forcés ; on soupçonne 2 mendiants et une femme. — 1774 1778 Dépenses du curé. — 12 fév. 1777. Aubin Bonnegent meurt en odeur de sainteté — Curés depuis 1762 : Héribel ; L.-J. Elie jusqu'en 1791 ; Louis-Jacques Letard jusqu'en 1793. — 4 mai 1828. Mort de Louis-Charles Prévost, curé, 64 ans ; « en temps malheureux il affronta la mort pour veiller à la garde du dépôt de la foi. En lui le pauvre pleure un père, tous un guide sûr et un parfait modèle. » (Inscr.

tumul.) — 1777. Dénombrement des habitants.

1619. Registre des baux de toutes les propriétés de l'abbaye. O.

1611. Jacques Harel, 40 ans, vicaire de Ferrières ; Noël Hébert, 42 ans, curé de la paroisse. Nicolas Dehoesey, curé de St-Martin-le-Vieil.

30 mai 1688. Nicolas Delamare fait donation au trésor de Morsan. O

1622. Mariage de François de Mallevoue, fils de Jean et de Françoise de Pigace de Carenthonne. O. 310

8 nov. 1716. Dames de S. François ; prise d'habit.

1606. Jacques Cucaille curé de Boisney

1607. Guillaume Deshayes curé de Periez.

1609. Robert Velain, curé de St-Nicolas du Bosc-l'Abbé.

1613. Nicolas Corbelin, curé de Droucourt.

1664. Hôtellerie de la Croix d'or, à Bernay.

1612. Jehan Asse, curé de Coursselles.

1662. Nicolas Foucques, curé de St-Germain de la Champaigne, prieur de la chapelle de la maladrerie de Drocourt ; bail des biens de cette léprosarie : 90 l. par an [O. 34.] Charles de Calf, curé de Faverolles, prieur de la Madeleine de Bernay. — Claude le Caron, curé de Valleville-sur-R. — Ferme des recettes des 4e sur boissons. (M. 67.). André Gruel, curé de St-Vincent du Bouley, devient curé de Ste-Croix de B

1618. Esprit Piperay, curé de Valailles. Pierre Barrey. capitaine de Bernay.

1623. Louis Escalard, curé de Malouy.

Ier oct. 1676. Jacques Colles, inhumé dans l'église de la Couture.

1631. Frère Jehan le Conte de Nonant, chevalier de l'ordre de S. Jehan de Jérusalem, commandeur d'Auxerre, parrain à Bernay avec la dame de Bonffey.

1633. Jehan Lefort curé de Plasnes. — Jehan Le Marchand, curé de Pierreronde.

1634. François de la Varde, curé de Landepereuse. Nicolas Corbelin, curé de Droucourt.

1642. Confrérie de S. Cosme et S. Damian. M. 10

1614. Dom Grégoire de Mesnilles (?), prieur de St-Michel du Mont-Millon. — 8 septbre. Assemblée capitulaire des Benédictins ; ils nomment Fr. Charles le Roy à la cure de St-Mards-de-Fresnes, en rempl' de Philbert Baivel, décédé.

1623. Pierrre Deschamps, curé de la Ire portion de la Chapelle-Gautier

1636. Nicolas Foucques, curé de la première portion de St-Germain-la-Campagne

1646. Anne de Pigace, dame de Carentonne, Granchain et autres terres et seigneuries, veuve de Jean de Mauduit, en son manoir seigneurial de Carentonne. — Jacques-Robert Dhommey, curé de Capelles.

1664. Hôtelleries à Bernay : Le point

du jour. — La croix d'or.

1650. Robert Thullou, curé de St-Martin-le-Vieil. — Robert Levillain, curé de St-Nicolas-du-Bosc-l'Abbé.

1674 Confrérie de S. Ursin, des maîtres tailleurs.

1671. André de Mainteternes, esc^{r}, s^{r} de Familly, receveur des tailles. — Gabrielle du Merle, dame et patronne de Duranville

1691. Jean Turpin, curé de Drocourt.

1694. Sur la paroisse Sainte-Croix : Le Petit Ecu, rue aux Charrettes. Rue de la Petite-Rivière. Rue du petit cimetière. La fontaine du Bassin. Rue de la Gabelle. L'espine de Boucheville.

24 août 1690. En la chapelle du Mont-Milon, mariage de Guillaume Pitache et d'Anne Mutel. Témoins : François Guenet esc^{r}, s^{r} de la Factière et St-Just, vicomte de Beaumont-le-Roger ; Nicolas Guenet, esc^{r}, s^{r} de la Factière.

1687. Confrérie de S. Eloy et de S. Antoine, à Ste-Croix. O.

1682. George Deshayes. curé du Tilleul

1673. Emard-Antoines de Frye, cheval^{r} marquis de Plasnes.

1684. Grande gelée.

9 août 1689. Testament de Mre Jean-Bernard Morin, s^{r} de la Vastine, c. du r., lieutenant général en l'élection de Bernay vicomte baillival de la h. j. de Plasnes.

13 juin 1705. Pierre Yves, lieutenant de l'une des compagnies de milice de Bernay est inhumé en l'église de Ste-Croix.

2 juillet 1717. Les paroissiens de Beaumont-le-Roger viennent en procession à B. et paient 20 sols au trésor de Ste-Croix pour la sonnerie et soie brûlée.

1719. Hausse sur les espèces.

9 oct. 1712. Inhum., au cimetière de Ste Croix, du nommé André Portak, soldat allemand, prisonnier de guerre, allant à Coutances et pris dans le fort de la Scarpe, proche Douay.

14 nov. 1720. A été inhumé sous le portail de la chapelle du cimetière, Pierre Dumont de Luchen en Picardie, chevalier dans le régiment de Vilchier, compagnie de Montgeon lieutenance colonelle, mort à l'hôpital de cette ville, fondé par St-Louis après y avoir reçu les sacrements des mourants avec une piété consommée.

18 janvier 1718. Mariage, à Ste-Croix, de Léonor Deshays, chevr sgr et châtelain de Forval, baron des Moutiers-Hubert et de St-Pierre de Courson, avec Marie Thuret Duhaucart. Témoins : Charles-Emmanuel Deshayes, chevr de Forval, enseigne des vaisseaux du roi ; Gabriel Deshays, ecr, sr de Tassard ; André de Mauduit, chevr, sgr de Semerville et Carentonne, enseigne des vaisseaux du roi ; Louis-Jacques du Fay, escr, sr de Carsix ; Deshais.

16 janv. 1719. Inh. en l'église de Ste-Cr., de Jacques de Mannoury, procureur d. r., 83 ans, pris dans la maison abbatiale de cette ville, dans laquelle il a reçu tous les sacrements de l'Eglise nécessaires

aux mourans par les mains de Mr le curé de cette paroisse, présence de Mrs le curé, vicaire et plusieurs autres ecclésiastiques tant de cette paroisse que de celle de Notre-Dame de la Couture.

5 mars 1728. Inh, dans l'église de Ste Croix, de René Massuet de la Chauvinière 47 ans, marchand bourgeois, rue de Lettre

1722. André le Carpentier, sr de Beauvallot, avocat et maire de Bernay.

16 juin 1720. En l'église ou chapelle des Cordeliers, Jacques de Mezière, curé de Faverolles, marie Michel Hayer, sr du Boscage, avocat au Conseil, avec Catherine Jouen Dumarets. Témoins : Jacques Jouen Dumarets, curé de Plainville ; Charles Hayer, curé de Carentonne, etc.

22 avr. 1732. A Ste-Croix de B., mariage de Guillaume-Jacques de la Fremondière avec Masie-Marguerite Massuet de la Chauvinière, fille de feu René...

4 juillet 1734. Leg au trésor de Bournainville. O

25 janv. 1733. Délib. Réparation de la nef de l'église. - 19 avr. Délib. Construction d'un presbytère à Carsix.

19 septbre 1738. Léonard-Yve Mutel, 21 mois, fils de Jacques-François Mutel, écr sr de Boucheville, est inhumé dans la chapelle du cimetière de Ste-Croix.

21 janv, 1766. François-Guillaume de Liberge, sgr de Granchain, 54 ans, mort à Bernay, est transporté et inhumé à Granchn

17 juil. 1774. Jacques-François Mutel,

inhumé dans la chapelle du cimetière de Ste-Croix. -- 17 nov. 1775. Michel Hubert Descours, peintre, décédé le 16, en sa maison rue aux Juifs, 68 ans, inhumé dans la dite chapelle.

28 avr. 1782. A Ste-Croix, baptême de Louis-Marie, fils de André-Jacques Barré Dutheil, chev^r^, sgr du Theil, de la Mercerie, etc., ancien capitaine de dragons, cheval^r^ de St-L., demeurant rue aux Charrettes. Les parrain et marraine, nobles, sont représentés par 2 enfants de l'hôpital.

1600. Guillaume Colles fils Pierre, à B. 1601. Jehan Colles, avocat à Bernay.

21 mai 1630. Testament de Pierre Liberge, esc^r^, s^r^ Desperande, à Menneval. O

25 avr. 1632. A la Couture, inhum. de Pierre Dudemont, lequel fut tué d'un coup de poignard le jour et fête de S. Marc. — 20 oct. Inhum du fils de Jean Cantel, par permission de justice, d'autant qu'il avait été assassiné de 32 coups de poignard par son beau-frère.

1637. Registre de la Couture. 3 juin : « Et au mesme temps décéda Estienne Gattier, sa femme et deux autres de ses enfants, tous de la contagion. » (1re ment^n^)

20 mars 1638. Concordat entre les maîtres serruriers et armuriers à propos des apprentis.

1638. Confrérie de S. Sebastien à Folleville. M

21 juil. 1642. 2 enfants Le Sercillier inhumés à la Couture par la charité de Cour-

bépine, « d'autant qu'ilz étoient soupçonnez d'estre décédez de la contagion. »

4 oct. 1650. Testament de Jacques Billard, lequel étant dans le péril de la maladie contagieuse dont il doute être affligé pour cause de la maladie d'un sien neveu qui est de présent malade en sa maison..., est et a été extrêmement affligé depuis 3 mois, donne au trésor de la Couture... M

12 juin 1650. Première mention de la contagion à N.-D. de la Couture.

2 juillet, 17 et 23 août. Testaments de personnes étant en péril de la contagion ou agitées de la maladie contagieuse.

3 juil. 1651. Les assises d'Orbec sont tenues au bourg de Chambrois en raison de la contagion qui est de présent aud. Orbec

16 mars 1713. Baptême, à la Couture, de Anthoine-Pierre Dirlande, fils de Anthoine, escr, sr du Bosc le-Comte, et de H. Leprévost.

24 oct. 1722. Inhumat., dans le chœur, de François Guenet, escr sr de la Factière ci-devant juge à Beaumont-le-Roger, 89 ans.

21 mai 1723. Marthe Dirlande, fille de Antoine, 6 ans et 2 mois, inhumée dans le chœur de la Couture. — 25 mai. Mariage de Antoine Dirlande, fils de feu Antoine, avec Anne Querey. Témoin : Marie Hardouin veuve de Alexandre Dirlande, gde-mère de l'époux. — 29 juil. Mariage de Alexis Foucques, escr, sr Dasnière, officier de Mgr le duc de Berri fils de Alexis et

de Catherine de Courseulle, de Bernay, avec Marie-Anne-Théréze Barey, fille de André, éc^{r}, s^{r} de Montfort. Mariés à la C. par Léonard Foucques, curé de Ste-Croix. Témoins ; Jean-François Foucques, curé de Duclair ; Mathieu Barey, curé de Plasnes ; André Barey, éc^{r}, frère de l'épouse.

28 mars 1744. Bapt. de Philippe-François-Constant de Bréant, fils de Jacques-Philippe, et de Marie-Anne-Françoise de Mauduit.

9 févr. 1745. Mariage, à la Couture, de Alexis-Jean-Baptiste Bouillerot, s^{r} de Marsenne, 27 ans, avec Marie-Thérèse Foucques d'Orville, 16 ans.

9 juin 1746. Inhum. au cimetière de la Couture, de Pierre Aubert, curé de Bournainville, 49 ans. — Inh. de Pierre Bouillerot de Marsenne, 60 ans. — 16 nov. Inh. de Robert Le Velain, éc^{r}, s^{r} de Bellou, ch^{r} de l'ordre de St-Louis, ancien brigadier des gardes du corps, décédé en sa terre et domicile, hameau de Champeaux, 64 ans.

13 juin 1747. Adrian-Robert Le Galloys, avocat et ancien cons^{r} du r., élu en l'él., décédé le 12, rue de la Poterie, 81 ans, inhum. dans l'église de la Couture.

1601. Nicolas Leforestier, curé de Ste-Marguerite-en-Ouche. — 4 janv. Délibér. des bouchers de Bernay. — 3 juin. Fondation au trésor de Plainville. (O)

1603. Yves de Bonneville, curé du Chamblac.

22 nov. 1601. L'abbé de Bernay permet aux habitants de faire un four baonnier « en un four ja de long temps cons- « truit et ediffié..., en la paroisse de Ste- « Croix..., borné... d'un bout la rue Ma- « rie, d'autre bout une ruelle tendant de la rue de Lettre à la rivière des Cordelières. M

1605. Gabriel Dumoulin, prêtre et chapelain du martirologe de la Couture. - Jehan Maurey, curé de Barville. Robert Dupont, curé de Capelles. — 17 sept. Fondation au trésor de Ste-Croix par Michel de la Pierre, curé, lequel meurt peu après. — 7 nov. Accord des religieux du prieuré du Boscmoret. (M. 88).

1606. Lots entre les fils de feu Nicolas de Malleville, s^r de Campeaux, et de Madeleine Le Botté : Loys, s^r de Campeaux ; Jacques, curé de la Couture ; Claude, s^r du Val. — Feu Jehan Trotet, curé de Ste Marguerite. — 25 mars. Une compagnie de gendarmes de pied veindre loger à Beaumont, du régiment de Piedmont, et y furent jusques au lundy. — L'hôtel-dieu de Beaumont reçoit les voyageurs. Robert Lefèbvre, curé de St-Léonard du Bourg-D

1607. Robert Ridel, curé du Long-Ess^ard Loys Dirlande, curé de la Halboudière.

1609. Fr. Jehan Champion, gardien du couvent St-Lubin près Bernay. Guillaume Deshais, curé de St-Germain-de-la-Champaigne. Jean Asse, curé de Courcelles. Michel Lauverey, curé de St-Aubin-de-Th.

Jehan Chanu, curé de Plainville. — André Dubosc, esc., s^r de Mentreville, gentilhomme ordinaire de la chambre du roi, marié à Marguerite Deschamps, demeurant au manoir seigneurial de St-Victor-de-Chrét. Anne de Mainteternes, veuve de Jehan Deschamps, leur mère. — Marc Haubert, curé de St-Léger-le-Bodel. Laurent Martel, curé de Faverolles. — 3 déc. Accord pour le prieuré de Maupas.

1610. Robert Dupont, curé de Capelles. Jean Chambellan, curé de Goupillières. Germain Godan, curé de Caorches. — Le curé de Boissy donne à la charité une chapelle d'ornements. (O. 136). Fr. Raoul Lange, prieur du Boscmoret. — « Dû à Nicolas Duprey, maistre d'écolle de Harcourt la somme de dix sols pour un mois qu'il m'a enservi à lire escrire à son escolle. (Note sur le reg. du tabell. de Bernay.) — Guillaume Deshays, chanoine de Lisieux, prieur de la chapelle de St-Nicolas située au Chamblac. Christophe Massuet, officier de la venerie du roy, à St-Ouen-de-M.; enfants : Jacques, marié à Marie Hayer, mort avant 1610 ; Jehan. — Marc Haubert, curé de St-Léger-du-Bosdel, fait donation à son église (M. 232.)

1611. Alleu des Cordeliers et un charpentier (152.) Geoffroy Pottyer, curé de Grandcamp. Thomas Turpin, curé de Briosne. Famille de Gabriel Dumoulin (O.355

1612. Autel S. Sebastien à Ste-Croix. Réparation de l'église des Cordeliers. —

Les maîtres « telliers » de la Couture élisent un procureur pour procès (M. 41.) — André Lepetit, curé du Tilleul-Fol-E. — Chapelle et autel de N.-D. de Pitié. Simon Vincent, curé de St-Quentin-des-Iles.

1618. Richard Poubelle, curé de Livet-en-Ouche. Alleaume, curé de Berthouville. Famille Deschamps, s^{r} de St-Victor-de-C.; lots. Jacques Quitrée, maître écrivain, de la ville d'Evreux.

1619. Jacques Hamel, curé de la Trinité-du-Mesnil-Josselin. [Bas-relief de 1586 signé : Hamel.] — 4 oct. Le roy de la confrérie de S. Santin et les jurés du métier de « drappier drappans foullon et tisserant » et les maîtres dud. métier nomment un procureur [M. 12.]

1620. Domp Jean Lepetit, prieur de B. Adrian Symon, curé de St-Mards de-Fr.

1621. Louis Rouverel, curé de St-Pierre de Villers près la Barre. Louis de Mallevoue, curé et patron de St-Germain-d'-Aunay. Pierre Foutel, curé de Duranville. Louis Escallard, curé de Malouy.

1622. Jean Berard, chapelain de la chapelle de Ste-Gertrude à Bernay, demeure à Paris.

1623. Adrian Chanu, curé de Granchain Guillaume Lebigre, curé de Camphleur.— Jacques Lemercier, curé du Planquay. — Jacques Chanu, curé de St-Lambert. Jacques Liberge, curé de Plainville ; de St-Aubin-de-Thenney en 1627.

1624. Balthazard Deschamps, sieur du

Hauzey, curé de St-Victor-de-Chrétienville Jean Vivien, curé de St-Quentin-des-Iles. — Le Grix, barons d'Eschauffou et de Monstereuil. (M. 887.)

1626. Julien David, curé de Montpinchon. Martin Leforestier, curé du Val-du-Theil. Loys Beaumont, prieur de la léprosarie de Drucourt, demeure à Bernay. 18 janv. Contrat de mariage de Jean Guenet avec Marguerite Levelain du Ronceray.
15 sept. Au manoir de Campeaux, testament de Jacques de Malleville, curé de la Couture. -- Gabriel Dumoulin et son frère empruntent à la charité de Menneval. [O. 492).

1627. Robert Thullou, curé de St-Martin le-Vieil. — Jean Fleury, monnier au moulin à huille de Maneval. Jacques Bellencontre, curé de la première portion de Montreuil.

1628. Jacques Treffouel, curé du Tyrollent. — 19 curés du doyenné nomment un procureur pour l'assemblée générale du clergé à Paris. 5 janv. 5 autres curés nomment un procureur pour répondre à une assignation. — 5 mars. Accord entre le corps de ville et les bénédictins, pour les feux des processions générales ; conflit en décembre 1627. (O. 457.) — Vente de 26 meules de cercles à tonneau ; 54 » à pipe; 26 » à poinsson ; 36 » à caquette: 31 l. 5s — 6 mai. Gabriel Dumoulin, pbre, m^e aux arts en l'Université de Paris, vend une p.

de terre à Marolles. (O. 659.) — 27 mai. Fondations à la confrairie du Rosaire érigée en l'église de Boissy. François Butor, curé. Jehan Gruel, curé de Caorches. — Pierre Marabout, curé de St-Cir-de-Sal. Nicolas Duclos, curé de St-Aubin-le-Vert.

1629. Baux d'étaux sous les boucheries par dom Jean Marc, prieur et aumônier de l'abbaye. Jean Lefêvre, curé de Plasnes. — Curieuses procurations de Nicolas Barbelot, adjudicataire des réparations et réédiffications faites au port et havre de St-Vallery-en-Caux ; il demeure à Beaumesnil. (O. 379). Guillaume Lemarescal, curé de Faverolles. Bail pour blanchisserie de toiles, à Beaumontel. (314). Louis Daureville, esc^r^, curé de Pierreronde.

1630. 8 tonneaux de cidre à 43 l. 10 s. l'un. Noël Duboisdelaville, curé de Gauville. Jacques Bucaille, curé de Boisney. Pierre Barrey, capitaine de Bernay. — 18 juin. Accord entre les bénédictins et les 2 curés à propos du différend survenu lors de la procession du jubilé, le 17 mars. (M. 217). — Nicolas Salerne, arpenteur à Courbépine. Jacques du Rouveré, canonnier ordinaire de l'artillerie de France, de St-Aubin-de-Thenney. George Bethelin, curé de N.-D.-d'Epine. Jean Lefort, curé de la première portion de Plasnes. Pierre Maurey, curé de Calleville.

1631, 30 mars. Les paroissiens de Ste-Croix nomment un procureur pour collecteurs. — 15 juin. Gabriel Dumoulin et son frère vendent une pièce de terre en labour sise à la Couture, pour 40 l. et 5 s. de v^{n}. Jacques Harel, curé du Tilleul-en-Ouche. Jean Lemarchand, curé de Pierreronde. Procès entre les drapiers de Lisieux et ceux de Bernay ; confrérie S. Santin. — Georges Vauquelin, curé du Bois-Nouvel. David Labbey, curé de portion de S. Germain-de-la-Champaigne. Jean Vattier, curé de St-Pierre-de-Meulles.

1632. 15 avril. En la maison où pend pour enseigne la « Croix verte », Me Toussaint Bret s^{r} de la Roze, m^{e} opérateur et chirurgien, fait marché avec une femme pour la guérir, moyennant la somme de 36 l. — 15 mai. En la maison où pend p^{r} enseigne « l'Ecu d'or », Jean Gueroult, curé d'Espinay, chapelain de la chapelle S. Cyphorian près Chambrois, afferme ce qui dépend de lad. chapelle, $moyenn^{t}$ 20 l. Jean Vattier, curé de St-Pierre de Meulle. — 4 janv. Marie de Malortye est élue supérieure de la maison et hôtel-dieu de B. 8 sœurs. [O. 214]. — Louis Jouvin, s^{r} des Loges, et Jean Lemaistre, s^{r} du Puis, eschevins et scindics de la ville de Bernay. Maison où pend pour enseigne « Les trois Mailletz. » Jacques Bucaille, curé de Boisney. — Dom Jehan Marc, prieur de l'abbaye ; dom Valentin Le Chevalier, prieur de la réforme ; 8 signataires. Pierre Deslandes, curé de Chambrois.

1633. 27 mai. Anne Le Carpentier, supérieure de la maison-dieu de Bernay. - 17 juillet. Traité de mariage de Gaston de Bonnechose, fils de feu Guillaume, s^{r} de la Boullaye, avec Marie Filleul. — Bail du moulin de Granchain [O. 144]. Jean Loir [et non Loyer), curé de St-Aubin-le-Vert. Jean Gruel, curé de Caorches. Claude Potyer, curé de Berville. Joseph Douys, curé de Rostes. Mariage de Adrian de Mainteterne, s^{r} de Maneval, avec Florence Dirlande (278). - Louis de Beaumont, chapelain de la chapelle de S. Gourgon sise à Drocourt. - 25 avr. Gabriel Dumoulin et son frère vendent un immeuble à Bernay. 26 janv. Loys Levesque, étudiant, cède le bénéfice de Serquigny dont il est pourvu.

1634. Jacques Dhommey, curé de Capelles-les-G. 27 juin. Accord entre les coroyeurs (M. 430). Jacques Harel, curé du Thilleul-en-Ouche. Inventaire de joyaux (M. 355). Peirre Blanchet, curé de Livet-en-O. André Gruel, curé de St-Vincent-du Boulay. Inventaire des titres de feu Louis Deschamps, escr, sr de la Gruelle [M. 347 Michel Dumoulin, menuisier, prend un serviteur et apprentif, pour 2 ans et 20 l.

1634, 6 nov. Raoul Hardy, curé de St-Christophe du Bosc-Moret, résigne son bénéfice en faveur de Nicolas Le natif de Liteau, chapelain de la charité de Chambrais. — Domp Jacques Merieult, prieur de St-Michel du Val-Boutry.

1635. Regmy Poullain, blanchisseur à N.-D. de Vieilles à Beaumont, reçoit 46 pièces de toile. — Fr. Jehan Manceau, bachelier en théologie, gardien des Cordeliers de Bernay. Nicolas Fourquemin, prieur de l'hermitage de Plasnes.

1636. Confrérie du St-Sacrement fondée et ordonnée en l'église de St-Aubin de-T.

1635. Jacques Harel, curé du Tilleul-en Ouche. Jacques Lesercillier, curé de Ste-Marguerite-en-O. Titre clérical de Pierre Lesercillier [O. 597]. Jacques Dhommey, curé de la première portion de Capelles. Maison où pend pour enseigne l'image Ste Catherine, à Bernay. — 6 juin. Gabriel Dumoulin paie à Germain Trotet, bourgs de Bernay, 100 l. sur la promesse faite le 1er février 1633, lors du mariage dud. Trotet avec Marie Dumoulin.

1636. Robert Chanu, avocat, et Françs Levelain, sr de Gonneville (?), bourgeois et sindics de la ville de Bernay. Jacques Leterrier, curé de St-Quentin-des-Iles, résigne sa cure à Nicolas Fourquemin. David Labbey, curé en portion de St-Germin-de la Champaigne. Mariage de Adrien Levelain avec Charlotte de Belleau [737]. — La paroisse de Carsix rembourse 80 l. payées pour 3 soldats en quoy lad. paroisse a été taxée et cotizée. Claude de Bonnechose, chevr, sr de la Chapelle à Grandcamp, prébendé de la prébende cléricale fondée en l'église de St-Samson-sur-Rille.

1637. 9 septbre. Jean Paisant, boulanger, roi de la confrérie S. Fiacre et S. Gourgon, fondée en l'église de l'hôtel-dieu et 8 autres boulangers, nomment un procureur [43]. Gabriel Dumoulin afferme 2 prés à Fontaines-l'Abbé, pour 36 l. François Turpin, pbre, bachelier en théologie, principal du collège de Lisieux en l'Université de Paris Résignation de la cure de Piencourt par Abraham Lehain. Antoine Racine, curé de Neuville. Domp Marc Ragot, prieur de l'abbaye de Bernay. Charles Le Danoys, chanoine régulier du prieuré du Parc, curé de Calleville.

1405. Robert Regnier, prieur de la maladrerie de Glos.

1567. Curés de St-Martin d'Anceins présentés, depuis 1567, par l'abbé de Lyre.

1579. Robert Flambart, prieur de Bernay. Michel Desbuyssons, curé de la Chapelle-Harent. Jehan Deshayes, curé de Droucourt. Jehan Dachey, s[r] de Serquigny. Suplix Dumonstier, curé de la prem[e] portion de Plasnes.

1581. Robert Chanu, curé de Bazoques. Richard Louvet, curé du Bois-Baril. Henry Thullou, curé de St-Martin-le-Vieil.

1589. Jehan le Seuray curé de Valaille Nicolas Duclos et Mathurin Lebret, curés de Plasnes. Denis de Mainteternes, esc[r], s[r] de Maneval, gentilhomme de la chambre de Mgr le cardinal de Bourbon.

1592. Marc Haubert, curé de St-Léger. Robert David, curé du Montpinchon.

1593. Vincent Basire, curé de St-Aubin de-Bonneval. Jehan Chanu, c. de Plainvile

1594. Jehan Le Normandel, c. du Bosc-Morel. Richard Douys, c. de la Roussière.

Robert Moullin et Gabriel Moullin, son fils sous-âge. — 24 févr. Délibér. des paroissiens de Ferrières à propos des tailles.

1595. Marguerin Nicolle, s^r de Maupertuis. Guillaume Vitrouil. curé de St-Jean-de-Thenney. Michel Turpin, curé de Duranville. Robert Doynel, curé de Folleville. Pierre Maurey, c. de Calleville. Nicolas Duclos et Olivier Le Courant, curés de Plasnes. Pierre Foucques, c. d'Epréville-en-Lieuvin. Jehan Hamel, du Chamblac et Jacques Hamel, curé de la Trinité-en-Ouche. Claude Regnouit, c. de St-Aubin-le-V.

1596. Lots de feu Jehan de Bonneville, esc^r, sgr du Chamblac ; Yves de Bonneville, curé du dit lieu. Nicolas Quitrée, maître écrivain de Paris.

1597. Symon Courtillier, capitaine du château de Beaumesnil, appartenant à Mgr le duc d'Elbeuf. Laurent Martel, c. de Faverolles. Pierre Caillé, c. Fontaine-la-Louvet. — « Vendredy I^e de may, jour du « décez de maistre Guillaume Bynet. La « mesme sepmaine une partye des maisons « de Monstereule furent bruslez. La ville « d'Angers prinse. » (M). Robert de Frocourt, c. de la Noe.

1598. Lucas Allain, curé de Fontenelle. Loys Dhommey^r c. de Capelles. Robert Villain, curé de St-Nicolas-du-Bosc-l'Abbé

1599. Henry Cantel, curé de N.-D. de Livet-sur-Autou. Marguery Regnier, c. de Serquigny. Guillaume Noël, c. de Condésur-Rille. Robert Dupont, c. de la 2e portion de Capelles. Jehan La Vallée, c. de St-Victor-de-Chr. Maurice Allard, maître des forges de la baronnie de Ferrières.

1600. Pierre Lebel, curé de N.-D.-d'Epines. Inventaire après le décès de Gaston de Grieu, sgr de St-Aubin-le-V. Richd Poubelle, c. de Livet-en-O. Jacques Leroy chanoine de Lisieux, curé de Berthouville.

1614. Nicolas Salerne, arpenteur à Courbépine. Assemblée des habitants de Bernay pour 1 député aux Etats de Sens.

1622. Jacques de Mathen, curé de St-Aubin-de-Bonneval.

1625. Didier Bernard, curé de St-Léger du-Bosdel. Dom Guillaume de Calf, prieur de la la léprozarie de la Magdeleine.

1636. Baux des biens de l'abbaye. (O).

1637. Accord entre les apothicaires et les chirurgiens. La confrérie de S. Fiacre et S. Gourgon, des boulangers, est fondée en l'église de l'hôtel-dieu; 8 confrères. — Gabriel Dumoulin, curé, afferme 2 prés à Fontain-l'Abbé, 46 l. François Turpin, bachelier en théologie, principal du collège de Lisieux en l'Université de Paris et y demeurant, résigne le bénéfice de Pieucourt à Abraham-Anthoine Racine, curé de Neufville. Domp Marc Ragot, prieur de l'abbaye. - Charles Le Danoys, chanoine régulier du prieuré du Parc et curé de Calleville.

1638. Philippe Cantel, curé de Livet s-Authou, exécuteur testamentaire de Satur nin Cantel, pbre, recteur dud lieu. Robert Doynel, c. de Folleville. François de la Varde, c. de Landepereuse. Pierre Rocque chirurgien à Serquigny. Jeanne de Mallevoue, mère et supérieure de l'hôtel-dieu.

1639. Nicolas Foucques. c. de St-Quen-des-Iles.

1654. Thomas Bellencontre, c. de Monnay. Nicolas Desperriers, c. de Plainville. Pierre Cocquin, c. de Ste-Marguerite-en-O Michel Frocourt, c. de St-Nicolas-du-Bosc l'Abbé. Mariage Jean Foucques-Bouvet (M. 17.) Enseigne : l'Equerre. Mariage J. Dachey-Caron (O 121). Vente au couvent de St-Joseph d'Orbec (O. 233).

1655. Louis de Bouffey, c. de Cordebugle. André de Monteilles, c. de Granchain.

1659. Mathieu le Danois, c. de Livet-en-Ouche. Jacques Lemercier, c. du Planquay.

1660. Simon Hayer, c. de Ste-Marguete-en-O. 6 mars, vente par un charbonnier de la Vieille-Lire à un bourgeois d'Orbec, 100 pipes de charbon, à raison de 55 sols chacune. Jehan Gueroult, c. de Ternant

1661. Mariage Antoine Dirlande Desperriers. Dom Fabien Buteux, prieur de B

1662. Robert Sebire, chapelain de la léprosarie de St-Marc de Lhostellerie située à Marolle.

1664. Robert Lesercilley, c. de Broisey. Louis de Mezières, sgr de Bournainville, baille à ferme le moulin à vent dud. lieu, 240 l. par an. 25 et 30 nov. Hôtel-Dieu. °

1665. Antoine de Trousseauville, c. de N.-D.-d'Epine. Thomas Avenel, conseiller et aumônier de S. M., est à St-Denis de Brionne, chez Christophe Avenel, docteur en médecine. Michel Liboire, arpenteur à Bouffey. Charles le Noury, c. de St-Aubin sur-Auquainville. Lots de feu Michel Dumoulin, de Mennevel (O. 128.) Charles le Caron, c. de Valleville.

1666. Pierre Dugage fils Guillaume, natif de Bernay, postillon de la reine mère du roi d'Angleterre, est à Bernay. Charles de Calf, c. de Faverolles et prieur de la léproserie de Bernay. Inventai e de Lespinay, sgr de Vaux (M. 424). Hélie Bunel, c. de St-Vincent-du-B. Payé 156 l. pour 2 muids de vin. Charles Filleul, c. du Tilleul-Fol-Enfant. David Delanney, c. de Plainville. Adrien le Monnyer, c. de Malouy. Me Pépin, opérateur de S. M., de Dieppe, est à Bernay.

1667. Charles Douis, c. de Camfleur. Jn Bourgeot, c. de Caorches. Accord entre 2 prêtres présentés à la cure de St-Léger-de-Réville : Por ian Binet, c. de St-Martin-de-Cernières : Marguery Landon, bachelr en théologie, lequel délaisse. (O. 64, 2e p.) Roger Gislain, c. de Vimoutiers. Nicolas Foucques, sr Dorville, c. de Fontaine et titulaire de la Chapelle Ste-Croix située à Plasnes (M. 233).

1640. Olivier Amyot, c. de St-Léger-du-Bosdel. Pierre Foutel, c. de Duranville.

1642. Gabriel Guérie, c. de St-Cir-de-S.

Louis Gautier, c. de Camfleur. Charles Laisné, c. d'Ajou. Vente de fer en barres au garde de magasin d'armes du roy, par Jean Leprevost, esc^{r}, s^{r} de la Vastine, propriétaire des forges de Courcelles et du Fay, demeurant en son manoir sieurial du Fay, paroisse de St-Quentin-des-Iles (O). Richard Leroy. c. de Pont-Chardon, donne aux Cordeliers de Bernay 212 l. 10 s. Michel Broossière, docteur en théol gardien des Cordeliers. Thomas de Louvigny, c. de Folleville. Fourquemn c. de St-Quentin

1645 Alexis Beron, c. du Chamblac. Acquêt par Michel Dumoulin (333). Richd Dumaine, c. de N.-D. de-Préaux et Thomas Hellot, c. de St-Pierre-de-Sal, échangent leur cure.

1646. Olivier de Clinchamps, c. de Bazoques. Charles Filleul, c. de Giverville. Guillaume Daufresne, c. de Ste-Croix-de Cormeilles. Louis Janvrot, c. de Courcelle. Jehan Beachel, docteur en théologie, custode de Normandie et gardien des Cordeliers. Liberge, c. de Moyaux. Corneille, c. du Theil-N. Deschamps, c. de St-Aubin-de Th. Thouretz fr^{es} papetiers à Chambrois.

1653. François Yon, c. de Beaumont-le-R. Laurent Marin, bach. en th., c. de St-Germain-d'Auvillars. Louis de Mezière, s^{gr} de Bournainville. Robert Dhommey, c. de Capelles. Jean Gruel, c. de Pl.inville. Jean Gruel, c. d'Epreville-en-Lieuvin.

1654 Pierre Cocquin, c. de Ste-Marguerite en-Ouche.

1655. Noël Aubery, c. de Giverville Hôtellerie de la Croix blanche, à Bernay.

1656. Geneviefve Deauga veuve de Poulain, de Prêtreville. (Belle signature]. 291m

16 nov. 1657. Thomas Belin, natif de Rugles, curé de St-Jean de la Noe, est inhumé dans l'église, au bas de l'autel de Ste-Barbe, mort d'une fièvre continue et ne dura que 5 jours.

1668. 20 juillet, prise de possession de l'abbaye de Bernay par Léon Pottier de Gesvres, clerc tonsuré du diocèse de Paris (57). Un md de beurre de Messé vend à un md de Louviers, 1 millier de beurre frais, 27 l. 10 s. le 100. Jean Legrix, c. de Berthouville. Hôtellerie La Fleur de Lys. Mathieu de la Chapelle, c. de St-Aquilin-d'Augerons.

1670. Anthoine Racine, c. de N.-D.-de-Neufville. Adrian Foucques, c. de Rostes. Olivier Montargis, c. du Planquay. Pierre Hyacinthe de Mandry, prieur de la Madeleine de Bernay, et afferme les biens ; le fermier doit livrer un mouton de la bergerie. Pierre Duval, c. de Launay. 1 registre du tabell. d'Orbec.

1671. Simon Perey, opérateur, de Lisieux. Laurent Aulney, c. de St-Ouen-de-Livarot. Louis Fourquemin, sindic et eschevin de Bernay. François Turpin, bach[r] en théologie. c de Drucourt. Charles le Noury, c, du Val-du-Theil.

1673. Guillaume Rugué et Robert Galloys, adjudicataires du tabellionnage de la viconté d'Orbec Maurice Fleury, sindic des habitants de la ville. Remy Lemercier c. de Bazoques, frère du c. de Courbépine.

1674. Donation à l'église de Familly, p^{r} André de Mainteternes, esc^{r} s^{r} du lieu [M. 126]. Feu Philippe Cantel, c. de Livet-s-

1675. Eustache Jouvin, c. de Caorches 17 août, un blancheuvrier de Gassay vend 300 faucilles, bonnes et suffisantes, légères et marchandes, à raison de 22 l. le 100 Richard Dumesnil. c. de St-Pierre-de-Sal^{e} Donation à l'égl. de St-Martin-le-V., par Me Jacques Jouen, l'un des médecins du roy et maison des hôpitaux des armées de S. M.. dem^{t} à Paris sur le quai de Bourbon, proche St-Louis, dans l'île de N.-D. ; étant près de partir pour le service de S. M. Jean Filleul, c. de St-Jean de-Th. Lots de feu Simon Foucques, pbre docteur en droit canon ; héritiers : Adrien, Jean et Nicolas, c. de Rostes, Maneval et Fontaine-la-Louvet. Procès entre les habitants de B. et ceux de Carsix pour la nourriture de chevaux de guerre à Berthouville [M. 72).

1676. Procès entre les habitants de Caorches et Eustache Jouvin, leur curé, pour lui faire abattre sa trie [M. 143]. Robert Passot, c. de St-Quentin-des-Iles. Georges Delaporte, c. de Beaumesnil. Philippe de Mailloc, c. de Boisney. Nicolas Le Maistre pbre, professeur des langues grecques et hébraïques en la ville de Paris, est à Bernay. Louis Duval, sindic de Bernay. Guillaume Vastine, c. de Plasnes. Michel Frocourt, c. de St-Nicolas-du-Bosc-l'Abbé. J[n] Beaumont, c. de St-Martin-le-V. 4 oct. prise de possession de la chapelle Ste-Croix du Marché-Neuf. Accord entre les carleurs pour le droit d'étal (M. 18).

1677. Jean Bucaille, c. de Duranville. Louis Trefouel, c. du Theil-Nolent, succède à Richard Couvreur. François Daupley c. de Livet-en-O., succède à feu Mathieu Le Danois, lequel avait donné au trésor...

1678. Adam Esmangeard, c. de Landepereuse, succède à Simon Mannoury Hôtellerie : La Tête noire. Louis Lebel, c. de St-Aubin-de-Th. Inventaire des titres de la baronnie de Ferrières (O. 161). Dépenses du curé de Tot.

1679, 15 av Yebleron, c. de St-Aubin-le-V. Louis Lesage, c. de St-Cir-de-S.

1681, 13 mai. Testament de André de Mainteternes [63]. Prise de possession de la Madeleine de Bernay. 2 nov. Mariage Deshays de Ticheville et Anne Darzac. (O. 23). Jacques de Mannoury, c. de N.-D. de Monnay Joseph Lebaucher, c. de Valailles. 17 mai, fond[n] au tr. de St-Lamb[t]

1683, 21 juil. Charles Filleul, c. de St-Victor-de-Chr. résigne sa cure à Pierre le Neuf, s[r] de Courtonne, pbre, chanoine en l'église collégiale de Mortain et chapelain de la chapelle de St-Grégoire du manoir seigneurial de Sourdeval.

1684. Donation par Dauvet au trésor de Bouffey. Clôture du cimetière de St-Mards

1686. 11 janv. Robert Le Maisnier, tabellion à la Barre et décédé à la Noe, est inhumé dans l'église de la Barre.

1687. Jean Le Danois, c. de Giverville.

1688. Nicolas Delapierre, c. d'Aclou.

1689. Pierre Querey, c de Bournainvil[e] Hôtellerie : l'Image St-Martin, r. G[d]-Bourg

1693. Confrérie du Rosaire à Drucourt.

1693. Robert Hermier, c. de Granchain 7 oct. Testament de François de Civille, c. de St-Léger-du-B. Xphe Asse, bach. en théol, c. du Theil-N.

1695. Louis de Mailloc, c de Thiberville, Thomas Corbelin, c. du Tilleul en-O. Adrien de Mezières, c. de Faverolles.

Le 11 mars 1699, Robert Dumoulin, fils de feu Gabriel, ayant atteint ses âges de majorité, demeurant à Menneval, pour reconnaître les soins et services que lui a rendus pendant 6 années qu'il est demeuré orphelin, perclus de tous ses membres, gardant le lit pendant plus de 8 ou 9 mois l'année, avec des ulcères par tout le corps qui rendoient et rendent continuellement une puanteur extraordinaire, par dam[lle] Catherine de Malleville, fille de feu Jean de Malleville, esc[r] s[r] de Durcœur, lequel espère qu'elle lui rendra encore à l'avenir, lui délaisse la jouissance de tout ce qui lui peut appartenir des successions de ses père et mère. Marque dudit Robert : +

Donations de Pierre Dauvet, sgr de Bouffey ; 4 juin 1700, aux pauvres d'Anvillars; 1er oct., aux pauvres de Bouffey, 1er juin 1714, Anne Dauvet, fils Pierre, fait aussi donation aux pauvres de Bouffey.

30 mai 1702. Testament de Pierre Hauvel, c. de Plasnes.

27 févr. 1731. Etant en l'abbaye de B., Claude-Ignace-Joseph de Simiane, évêque et comte de St-Paul, Trois-Châteaux, prince de Chabrière, abbé et comte de St-Pierre-sur-Dives, etc., est en procès avec l'abbé de Liré à propos d'un trait de dixme à Gisay, nommé le trait de l'aînesse Marior Gisay.

1734. Antoine Dubois, maitre d'école, paroisse Ste Croix.

1736. François Foucques, s[r] Dorville, procureur du roi de police en cette ville et maire de la dite ville.

1750. Auberges : Le Soleil, rue de Geôle ; la Croix d'or, paroisse Ste-Croix. La Croix Blanche, à Authou. Maîtres d'école : Michel Bardou, rue aux Charettes paroisse Ste-Croix ; Thomas Chemin, rue aux Juifs. Robert Lamy, architecte, marié à Marguerite Leprestre, mort av. 1740. Robert Lamy, leur fils, perruquier, rue aux Juifs.

1741. 9 janv. Les paroissiens de Ste Cr. nomment 4 notables pour la cotisation des pauvres. Jacques Le Nepveu, sindic de v[e].

14 avr. 1743. François Gattier, prêtre, directeur des dames de la Congrégation de N.-D., 40 ans, inhumé dans le chœur de la Couture.

9 févr. 1745. M. de Jean-Baptiste Bouillerot de Marsenne et Marie-Thérèse Fouc-

ques. — 23 août. I. de Foucques d'Asnières, 56 ans, curé de Moyaux, décédé chez son frère à Bernay.

29 nov. 1746. I. de Pierre de Marsenne de Bouillerot.

18 juin 1783 et 7 mars 1785. Visite du monastère de St-François. [Registre au tabellionnage de Bernay].

31 juillet 1792. Vente par décret de la terre de Moulin-Chapel. (Affiche imprimée par J. Delaunay à Lisieux).

1619. Inventaire après le décès de François-André de Mainteternes, esc^{r}, s^{r} de Familly, receveur des tailles, à Bernay.

1683. François Gontier, fils Charles, natif de St-Victor-de-Chr., habitant dans l'île de St-Domingue aux Indes-Occidentales, est à Bernay, le 21 février.

1726. Par ordre de l'Intendant furent brûlés dans la cour de l'Intendance d'Alençon, 79 registres du notariat de Bernay de 1553 à 1688 et 1661, 1662, 1669, etc.

LE THEIL-NOLENT. — 1626. Prem^{r} reg[illegible]re paroissial. — Ier floréal an 2. Laurent Duval déclare qu'il a chez lui en dépôt 250 volumes ou environ ayant appartenu à Lamidey, ci-dev^{t} curé de Bazoques. — 17 mess^{r} an 3. Nicolas Racine, ministre du culte, prête serment. — 26 therm^{r} an 10 Déclarations de : Nicolas-François Roussel prêtre déporté, originaire de Vire, rentré en France le 30 prairial dernier ; Robert Philippe, prêtre déporté, originaire du Th. N., rentré en France le 17 therm^{r}. — 7 frimaire an 11. Racine, desservant, déclare que tous les meubles de l'église lui appartiennent pour les avoir achetés et payés de son argent, savoir : 1 calice, 1 soleil, 1 encensoir, une navette, une aube et 1 ornement noir complet. L'ornement rouge est reclamé par Jean Vicart et Gilles Corneille, pour avoir été acheté par eux et prêté bénévolement à l'église. 3 niv. Installation de Roussel, précité. 10 niv. Installation de Charles Deschandeliers, curé.

THIBERVILLE. — 1632. Premier registre paroissial. François Rivière, curé. 1699. Louis Lemercier, curé. 1710. Louis Boissière, sindic. — 16 janvier 1778. Louis Eustache Gontier, 63 ans, curé, est inhumé dans le chœur, sous le lutrin. Trinité, depuis vicaire. 1788. J.-J. Rogerey, vicaire.

BERNAY. 13 déc. 1809. Inondation ; les cadavres de 2 personnes sont retrouvés dans la fontaine du bois de la côte Berthelin. — 1500. Premier registre du tabell. de la viconté d'Orbec. — 14 juin 1718. N de 3 filles jumelles. — 25 janv. 1676. Déclaration des 3 emplacements des Pénitents (M. 101). — 19 juil. 1668. Les Pénitents louent l'enclos et maison où était ci-devant leur demeure, rue de la Croix-Coquin — 1654. Nicolas Basley (?), docteur en th., chanoine de Lisieux et supérieur des dames de la Congrégation N.-D. — Ier avril 1667. Les Pénitents sont autorisés à acquérir le « Lion », situé rue Grand-Bourg, pr. le Pillory, pour 4.500 l. ; grand sceau de l'ordre. daté : 1640. (M. 434.). 7 avr. Bail de l'Hermitage. 10 sept. Acquisition par les Pénitents. — 5 avr. 1667. Nomination de Pottier de Gesvres, abbé de B. — 3 n. 1644. Testament aux Cordeliers par Jean Lion (O, 72). — 1642. François Ricquier, confesseur des religieuses de la Congrég^n. 1638. ~~Acte~~ concern^t les Augustines (O 331 Naissances, mariages et décès : 1774. 122, 43, 173. — 1775. 158, 57, 109. — 1778. 154, 45, 146. — 1779. 132, 47, 120. — 1780. 159, 50, 151. — 1781. 149, 42, 156. — 1782 132, 50, 159. — 1783. 157, 57, 191.

1666. Bernay taxé à cent mille écus. — Maires : 1696. Marc-Anthoine Deshayes, s^r de Ticheville. — 1702. André Barrey, éc^r, s^r de Montfort. — 1706, 24 nov. P^rre Foucques, s^r de la Coste.

1709. Dépenses de la communauté : bois pour plusieurs feux faits lors de l'entrée de Mgr l'Intendant, 8 l. ; poudre à canon et fusées volantes, cartes, etc., et pour charger les canons, pendant 2 différentes fois, 80 l. ; flambeaux lors de l'entrée de M. l'Intendant... ; vin d'honneur à lui présenté, 40 l. et 39 l. 4 s. Estienne Lefébure, sergent et ménager de ville, paie les dépenses de la communauté et est remboursé par le receveur des octrois.

12 janvier 1710. Protestation contre une assemblée de paroissiens qui a eu lieu, le 5, à la porte de l'église de Ste-Croix. Le Carpentier, premier capitaine de la ville, dit que l'on ne doit pas avoir aucun égard

pour cette assemblée : 1° parce que, depuis plus de 50 ans, il ne s'est fait aucune assemblée ailleurs qu'à la chambre de ville; parce que toute assemblée qui regarde la ville doit être composée des paroissiens des 2 paroisses, qu'elle doit être publiée aux prônes des 2 paroisses et sornée à son de tambour, ainsi qu'il s'est toujours pratiqué ; il appelle caballe cette délibération.

13 septbre 1774. Une inondation cause de grands ravages et ruine la ville. 15000 fr. de pertes.

1775. Payé 160 l. pour avoir fait numéroter les maisons et fait mettre des écriteaux à chacune des rues pour les distinguer, par des plaques de fer blanc peintes à l'huile. Reconstruction d'un pont, 9.000 l. Reverbères, 800 l.

1776 Payé pour le nouveau cimetière, 5 000 l. Pour l'église de la Couture, 4000 fr. de travaux indispensables.

Juillet 1782. Inondation ; 20.000 fr. de pertes.

Reverbères. — Délibér : 8 juin 1777, 5 avril, 23 novembre, 2 décembre 1778.

27 juin 1777. Pavage des rues.

1788, 19 nov. Route de Beaumont. — 6 déc. Route d'Alençon à Rouen.

10 nov. 1782. Réduction est accordée par l'Intendant sur le vingtième d'industrie ; il est porté à 783 l. seulement et les 4 sols par livre du premier vingtième, au lieu de 2.669 l. 3 s.

Pont de Bougeville. — 56 déc. 1775, 1er

juin, 27 août 1776. 1er févr., 25 avr. 1777.

Promenades publiques. — 6 juin 1777. 5 avr. 1778. 11 juillet 1779. 15 juin 1781 19 juillet 1786.

Election et grenier à sel. — 27 liasses et 43 registres aux Archives de l'Eure.

13 avril 1723. Arrêt du conseil d'Etat du roy qui enjoint aux maire et échevins de Bernay, de donner un autre logement au gendarme qu'ils ont envoyé dans la maison qui sert de bureau général des aydes au dit Bernay, Et leur fait défenses de ne plus envoyer aucuns logements en ladite maison, à peine de 200 livres de dommages-intérêts. (Impr. in-4° de 4 p.)

Ecuries du Roi. — Délibérats. 10 août 1773. 26 mars 1775. 21 juin, 25 août, 1er et 27 7bre 1776. 26 7bre 1779. 14 août 1780. 17 avr. et 4 mai 1781. 3 Xbre 1784 3 janv. et 25 mars 1785. 22 8bre 1787. 27 févr. et 17 oct. 1788.

1654. 8 mai. Sentence de règlement pr les tanneurs au moulin à tan. 16 9bre, règlement pour les tanneurs. Titres : 1586-1696. Moulin à huile (Arch. de l'Eure).

Moulin à foulon. — Titres : 1464-1677.

Moulins de Ste-Croix et de la Grosse-Tour. — 1583-1721 ; 21 p. (Id.) 1721. Ils sont loués par l'abbaye à Jacques Chapey 2.770 l. et 221 bx de farine.

16 janv. 1792. La ferme de St-Michel, ci-devant à l'abbaye, 40 acres, vendue coe bien national, 36.500 fr. à Flavier.

ŒUVRES DE E. VEUCLIN :

1873-90. Articles de Journaux et 119 Notices.

AUTRES NOTICES PUBLIÉES DEPUIS :

Les Processions du Roumois et de la Fête-D.
Notes pour l'histoire de Pierre-Ronde.
Les 4 Canons de Bernay.
Documents sur le canton de Beaumesnil.
Les Ecoles chrétiennes de Lisieux.
Documents pour l'histoire de Beaumont-le-R
Glanes historiques sur le canton de Brionne.
Une Histoire de Bernay écrite en 16..
Glanes historiques sur le canton de Broglie.
Les Sapeurs-Pompiers de Bernay.
La Fontaine minérale de Bernay.
Notes historiques sur le canton de Thiberville
Gabriel Dumoulin et sa Famille. 132
Ce que doit être le Livre d'or du Collège de B.
Le Bienheureux André Goulafre, curé de B.
Les Auxiliaires de la Rédemption des Captifs.
A propos du Pèlerinage de Mgr Hautin à B.
Notes historiques sur le Canton de Bernay.
Au Congrès des Sociétés savantes, en 1891.
Le Bagage scientifique d'un Enfant du Peuple
Le premier Journal publié à Bernay en 1795.
Une Œuvre inconnue de S. Vincent de Paul.
Gerbe de Notes histor. sur Bernay et l'arrond[t]

RÉCOMPENSES OBTENUES :

1873. MÉD. DE BRONZE (Société libre de l'Eure). *Publications historiques et archéologiques*

1874. 2e PRIX (Id.) *Histoire de la Ville de Bernay et du Canton.* (Pr. refusé par l'auteur).

1874. MÉD. DE BRONZE (Exposition d'Evreux). *Reproduction de Dalles tumulaires du Bec.* (1880. Exposition artistique de Caen. *Id.*)

1889. MÉD. DE BRONZE (Le Phare littéraire). *Les charges militaires du peuple sous Louis 14*

1889. MÉD. DE BRONZE (La Pomme). *Histoire de l'industrie du chanvre et du lin en Norm.*

1889. PRIX DE BLOSSEVILLE, 600 FR. (Société libre de l'Eure). *Histoire des Charités funéraires de Normandie.*

1890. 3e PRIX, MED. DE BRONZE (Athénée des Troubadours). *Récits villageois en patois.*

1889. MÉD. D'OR (Académie littéraire et musicale de France). *L'Instruction publique dans le Calvados avant et pendant la Révolution*

1890. 1er PR. MÉD. DE VERMEIL (Institut Populaire). *La Musique à Bernay depuis le 16e s.*

V.-E. VEUCLIN

Les Fondateurs d'Écoles

AU XVIIe SIÈCLE

Les Châtelains de Courbépine
et les
Sœurs Jouen, de St-Martin-le-Vieil.

BERNAY
IMPRIMÉ PAR V.-E. VEUCLIN
EN L'AN 1888

www.ingramcontent.com/pod-product-compliance
Ingram Content Group UK Ltd.
Pitfield, Milton Keynes, MK11 3LW, UK
UKHW020959220726
13924UKWH00002B/781

9 782019 216320